AF221783

Impressum
Verlag: BABADADA GmbH, Nedderfeld 112 , 22529 Hamburg
Geschäftsführer / Verlagsleitung: Harald Hof
Druck: Books on Demand GmbH, In de Tarpen 42, 22848 Norderstedt

Imprint
Publisher: BABADADA GmbH, Nedderfeld 112 , 22529 Hamburg, Germany
Managing Director / Publishing direction: Harald Hof
Print: Books on Demand GmbH, In de Tarpen 42, 22848 Norderstedt, Germany

училище

kool

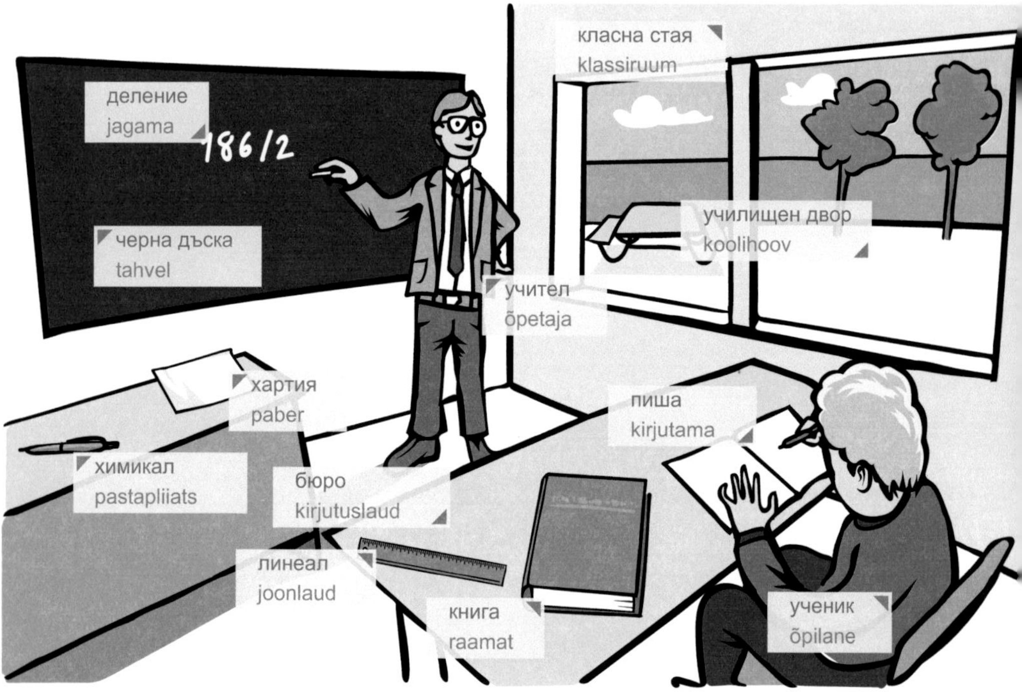
класна стая
klassiruum
деление
jagama
186/2
черна дъска
tahvel
училищен двор
koolihoov
учител
õpetaja
хартия
paber
пиша
kirjutama
химикал
pastapliiats
бюро
kirjutuslaud
линеал
joonlaud
книга
raamat
ученик
õpilane

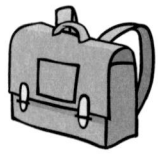

ученическа раница

koolikott

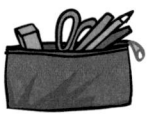

ученически несесер

pinal

молив

harilik pliiats

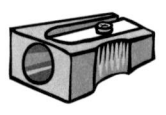

острилка за моливи

pliiatsiteritaja

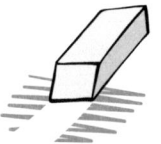

гума

kustukumm

блок за рисуване

joonistusplokk

рисунка

joonistus

четка

pintsel

акварелни бои

värvikarp

ножица

käärid

лепило

liim

тетрадка за упражнения

töövihik

домашна работа

kodutöö

число

number

събиране

liitma

изваждане

lahutama

умножение

korrutama

смятане

arvutama

буква

täht

азбука

tähestik

дума

sõna

текст

tekst

чета

lugema

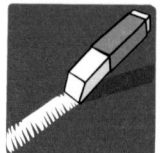

тебешир

kriit

час

koolitund

дневник на класа

klassipäevik

изпит

eksam

свидетелство

tunnistus

ученическа униформа

koolivorm

образование

haridus

справочник

entsüklopeedia

университет

ülikool

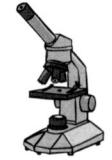

микроскоп

mikroskoop

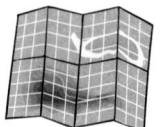

карта

kaart

кошче за хартиени отпадъци

paberikorv

пътуване
reisimine

хотел
hotell
Grand
хостел
hostel
ROOMS
EXCHANGE
обменно бюро
valuutavahetuspunkt
куфар
kohver
кола
auto

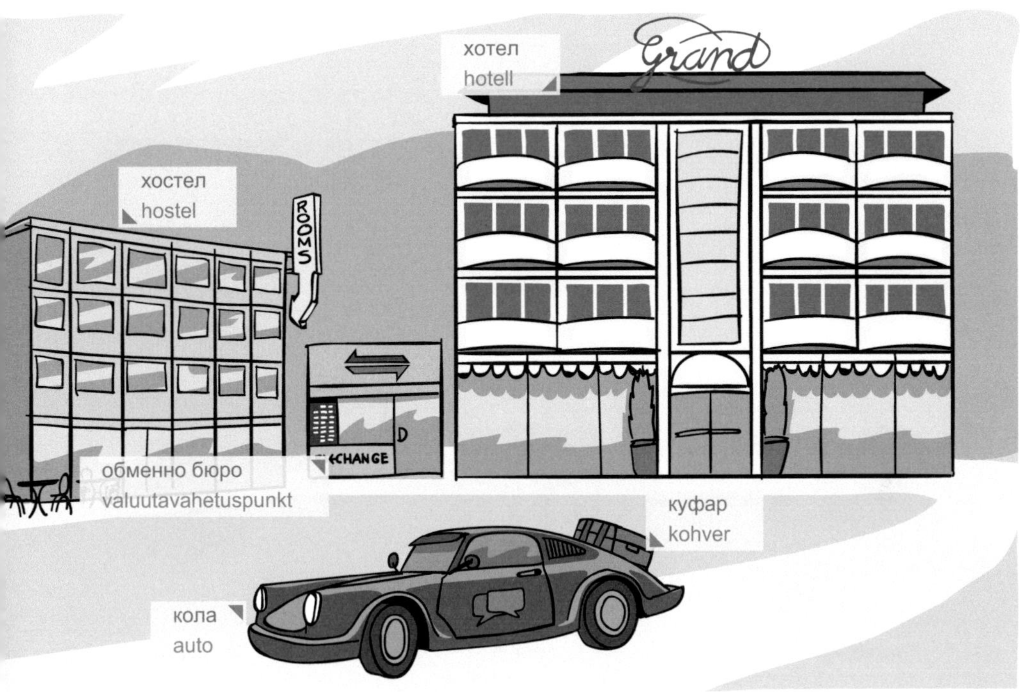

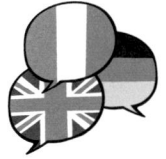

език

keel

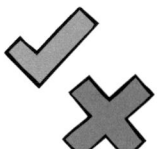

да / не

jah / ei

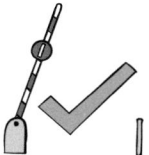

Окей

okei

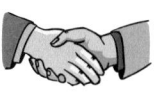

здравей

Tere!

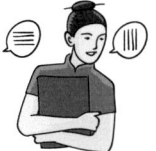

преводач

tõlk

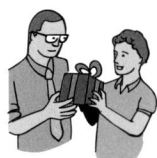

Благодаря

Aitäh!

Колко струва…?

Kui palju maksab …?

Не разбирам

Ma ei saa aru

проблем

probleem

Добър вечер!

Tere õhtust!

Добро утро!

Tere hommikust!

Лека нощ!

Head ööd!

довиждане

Head aega!

посока

suund

багаж

pagas

пътна чанта

kott

раница

seljakott

посетител

külaline

стая

tuba

спален чувал

magamiskott

палатка

telk

туристическа информация

turismiinfo

плаж

rand

кредитна карта

krediitkaart

закуска

hommikusöök

обед

lõunasöök

вечеря

õhtusöök

билет

pilet

асансьор

lift

пощенска марка

postmark

граница

riigipiir

митница

toll

посолство

saatkond

виза

viisa

паспорт

pass

транспорт
transport

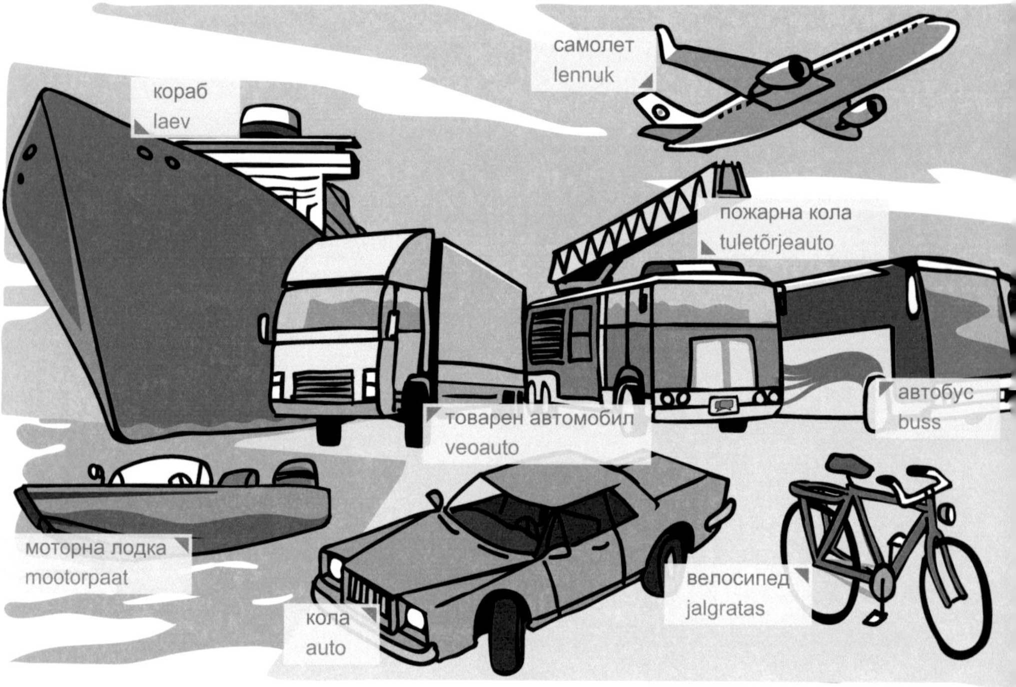

самолет
lennuk
кораб
laev
пожарна кола
tuletõrjeauto
автобус
buss
товарен автомобил
veoauto
моторна лодка
mootorpaat
велосипед
jalgratas
кола
auto

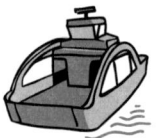

фериботl
praam

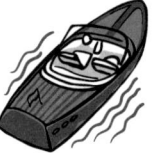

лодка
paat

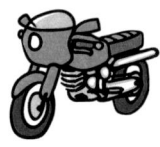

мотоциклет
mootorratas

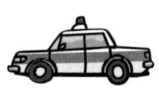

полицейска кола
politseiauto

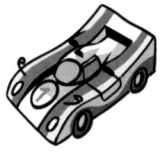

състезателна кола
võidusõiduauto

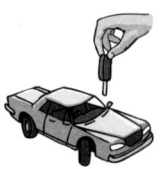

кола под наем
rendiauto

каршеринг

ühisauto

автомобил от "Пътна помощ"

puksiirauto

сметовоз

prügiauto

двигател

mootor

бензин

kütus

бензиностанция

tankla

пътен знак

liiklusmärk

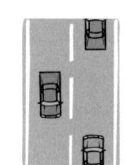

улично движение

liiklus

задръстване

liiklusummik

паркинг

parkla

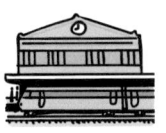

гара

raudteejaam

релси

rööpad

влак

rong

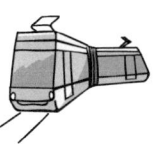

трамвай

tramm

вагон

vagun

хеликоптер

helikopter

аерогара

lennujaam

кула

torn

пасажер

reisija

контейнер

konteiner

кашон

pappkast

ръчна количка

käru

кошница

korv

излитам / приземявам се

õhku tõusma / maanduma

град

linn

село

küla

градски център

kesklinn

къща

maja

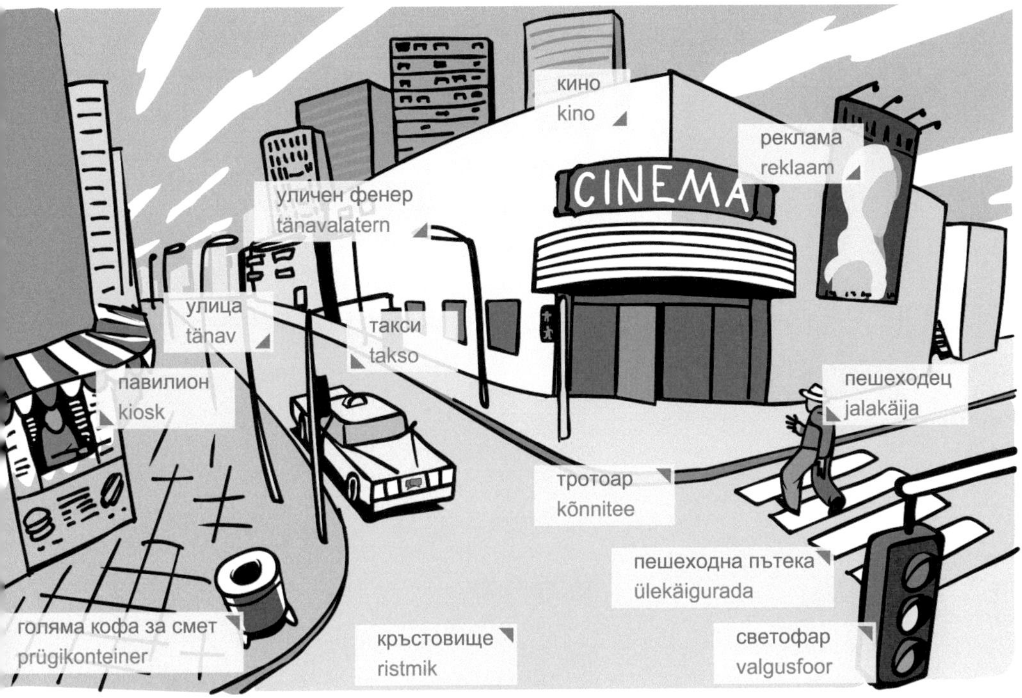

кино
kino
реклама
reklaam
CINEMA
уличен фенер
tänavalatern
улица
tänav
такси
takso
павилион
kiosk
пешеходец
jalakäija
тротоар
kõnnitee
пешеходна пътека
ülekäigurada
голяма кофа за смет
prügikonteiner
кръстовище
ristmik
светофар
valgusfoor

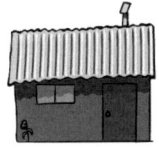

хижа

osmik

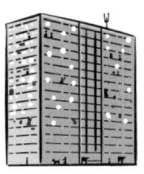

жилище

kortermaja

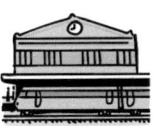

гара

raudteejaam

кметство

raekoda

MUSEUM

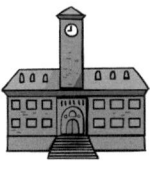

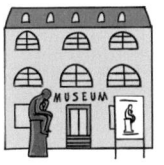

музей

muuseum

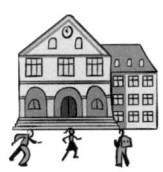

училище

kool

университет

ülikool

банка

pank

болница

haigla

хотел

hotell

аптека

apteek

офис

kontor

книжарница

raamatupood

магазин за цветя

kauplus

магазин за цветя

lillepood

супермаркет

supermarket

пазар

turg

универсален магазин

kaubamaja

търговец на риба

kalapood

търговски център

kaubanduskeskus

пристанище

sadam

парк

park

пейка

pink

мост

sild

стълба

trepp

метро

metroo

тунел

tunnel

автобусна спирка

bussipeatus

бар

baar

ресторант

restoran

пощенска кутия

postkast

улична табелка

tänavasilt

часовник за паркинг престой

parkimisautomaat

зоологическа градина

loomaaed

плувен басейн

ujula

джамия

mošee

селски двор

talu

замърсяване на околната среда

reostus

гробище

surnuaed

църква

kirik

детска площадка

mänguväljak

храм

tempel

пейзаж
maastik

листо
leht

пътепоказател
teeviit

път
tee

ливада
aas

камък
kivi

дърво
puu

пътешественик
matkaja

река
jõgi

трева
rohi

цвете
lill

долина

org

планина

mägi

море

järv

гора

mets

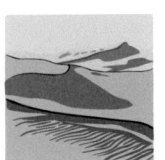

пустиня

kõrb

вулкан

vulkaan

замък

linnus

дъга

vikerkaar

гъба

seen

палма

palm

комар

sääsk

муха

kärbes

мравка

sipelgas

пчела

mesilane

паяк

ämblik

пейзаж - maastik

бръмбар

mardikas

жаба

konn

катеричка

orav

таралеж

siil

заек

jänes

кукумявка

öökull

птица

lind

лебед

luik

диво прасе

metssiga

елен

hirv

лос

põder

бент

pais

вятърна турбина

tuuleturbiin

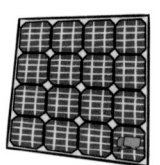

соларен модул

päikesepaneel

климат

kliima

ресторант
restoran

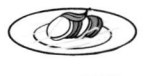

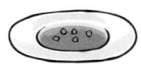

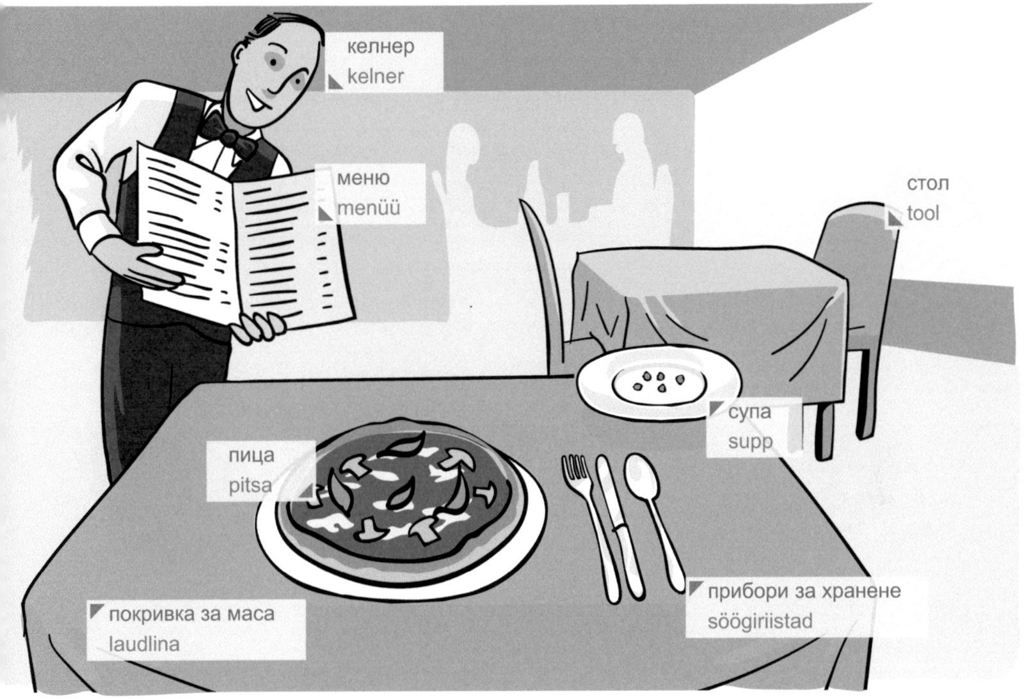
келнер
kelner
меню
menüü
стол
tool
супа
supp
пица
pitsa
прибори за хранене
söögiriistad
покривка за маса
laudlina

предястие

eelroog

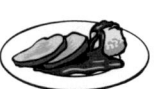

основно ястие

pearoog

десерт

magustoit

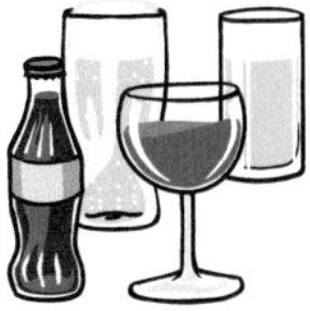

напитки

joogid

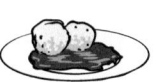

ядене

toit

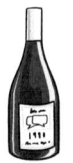

бутилка

pudel

бързо хранене

kiirtoit

улична храна

tänavatoit

кана за чай

teekann

кутия за захар

suhkrutoos

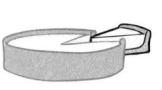

порция

portsjon

еспресо машина

espressomasin

висок детски стол

lastetool

сметка

arve

табла

kandik

ножица за нокти

nuga

вилица

kahvel

лъжица

lusikas

чаена лъжичка

teelusikas

салфетка

salvrätik

стъклена чаша

klaas

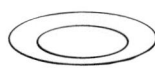

чиния

taldrik

чиния за супа

supitaldrik

чинийка

alustass

сос

kaste

солница

soolatoos

мелничка за черен пипер

pipraveski

оцет

äädikas

олио

õli

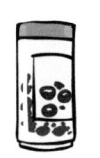

подправки

vürtsid

кетчуп

ketšup

горчица

sinep

майонеза

majonees

супермаркет

supermarket

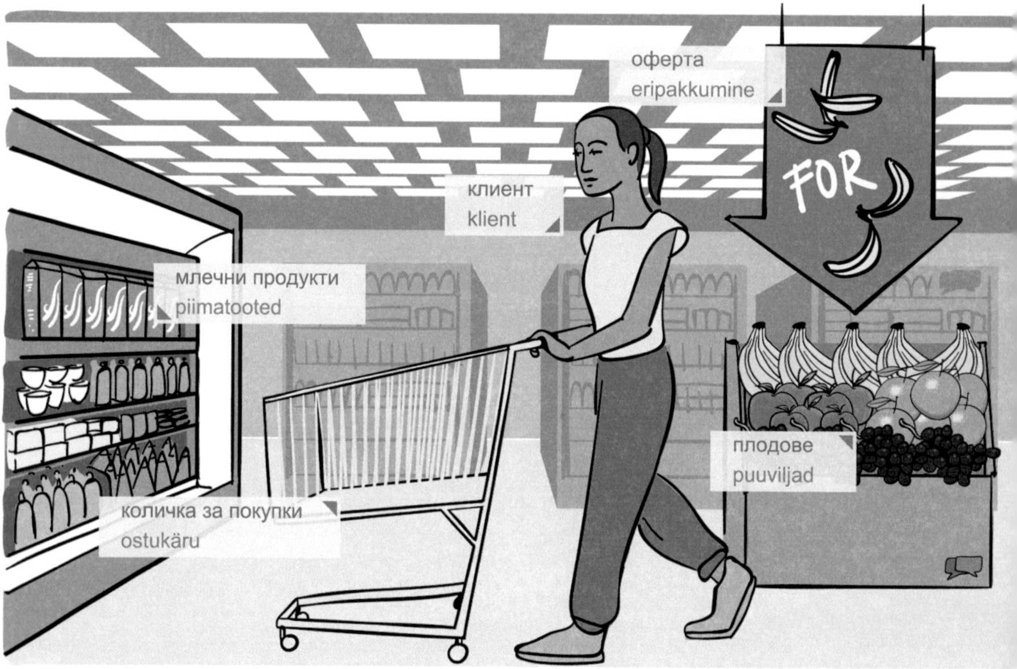

оферта
eripakkumine
FOR
клиент
klient
млечни продукти
piimatooted
плодове
puuviljad
количка за покупки
ostukäru

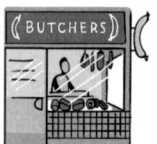

BUTCHERS

кланица

lihapood

BAKERY

хлебарница

pagariäri

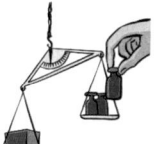

тегля

kaaluma

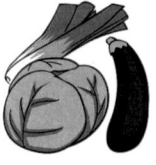

зеленчуци

köögiviljad

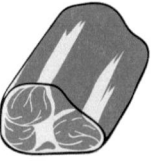

месо

liha

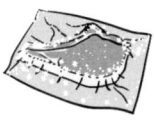

дълбоко замразена храна

külmutatud toit

нарязан колбас или сирене
lihalõigud

консерви
konservid

перилен препарат
pesupulber

лакомства
maiustused

домакински изделия
majatarbed

почистващи препарати
puhastustooted

продавачка
müüja

каса
kassaaparaat

касиер
kassapidaja

списък на покупките
ostunimekiri

работно време
lahtiolekuajad

портфейл
rahakott

кредитна карта
krediitkaart

чанта
kott

пластмасова торба
kilekott

вода

vesi

сок

mahl

мляко

piim

кола

koola

вино

vein

бира

õlu

алкохол

alkohol

какао

kakao

чай

tee

кафе машина

kohv

еспресо

espresso

капучино

cappuccino

банан

banaan

ябълка

õun

портокал

apelsin

пъпеш

arbuus

лимон

sidrun

морков

porgand

чесън

küüslauk

бамбук

bambus

лук

sibul

гъба

seen

ядки

pähklid

макарони

nuudlid

спагети

spagetid

ориз

riis

салата

salat

пържени картофи

friikartulid

печени картофи

praekartulid

пица

pitsa

хамбургер

hamburger

сандвич

võileib

шницел

šnitsel

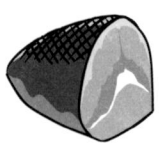

шунка

sink

траен колбас

salaami

салам

vorst

пиле

kana

печено

praeliha

риба

kala

ядене - toit

овесени ядки

kaerahelbed

мюсли

müsli

корнфлейкс

maisihelbed

брашно

jahu

кроасан

sarvesai

хлебчета

kukkel

хляб

leib

препечена филийка

röstsai

бисквити

küpsised

масло

või

извара

kohupiim

сладкиш

kook

яйце

muna

яйца на очи

praemuna

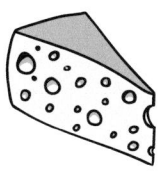

сирене

juust

сладолед

jäätis

захар

suhkur

мед

mesi

мармалад

moos

нуга крем

pähklivõie

къри

karri

селски двор
talu

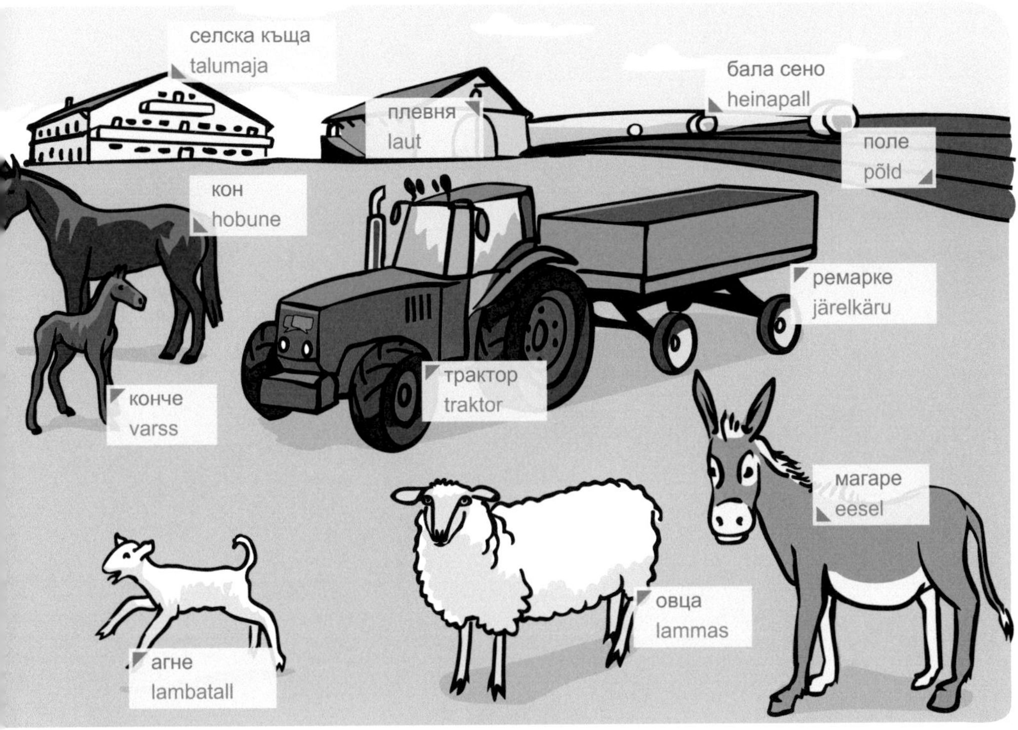
селска къща
talumaja
плевня
laut
бала сено
heinapall
поле
põld
кон
hobune
ремарке
järelkäru
трактор
traktor
конче
varss
магаре
eesel
овца
lammas
агне
lambatall

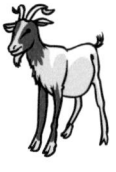

коза

kits

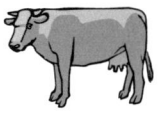

крава

lehm

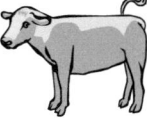

теле

vasikas

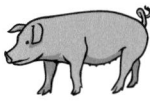

свиня

siga

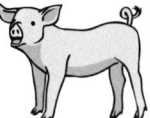

прасенце

põrsas

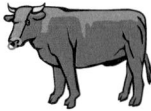

бик

pull

гъска

hani

патица

part

пиленце

tibu

кокошка

kana

петел

kukk

плъх

rott

котка

kass

мишка

hiir

вол

härg

куче

koer

кучешка колиба

koerakuut

градински маркуч

aiavoolik

лейка

kastekann

коса

vikat

плуг

ader

селски двор - talu

сърп

sirp

мотика

kõblas

вила за тор

hang

брадва

kirves

ръчна количка

käru

корито

küna

съд за мляко

piimanõu

чувал

kott

ограда

tara

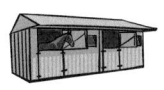

обор

tall

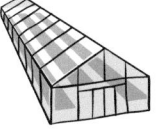

парник

kasvuhoone

земя

muld

сеитба

seeme

тор

väetis

комбайн

kombain

жъна

saaki koristama

реколта

saagikoristus

ямс

jamss

жито

nisu

соя

soja

картоф

kartul

царевица

mais

рапица

raps

овощно дърво

viljapuu

маниока

maniokk

зърнени храни

teravili

къща
maja

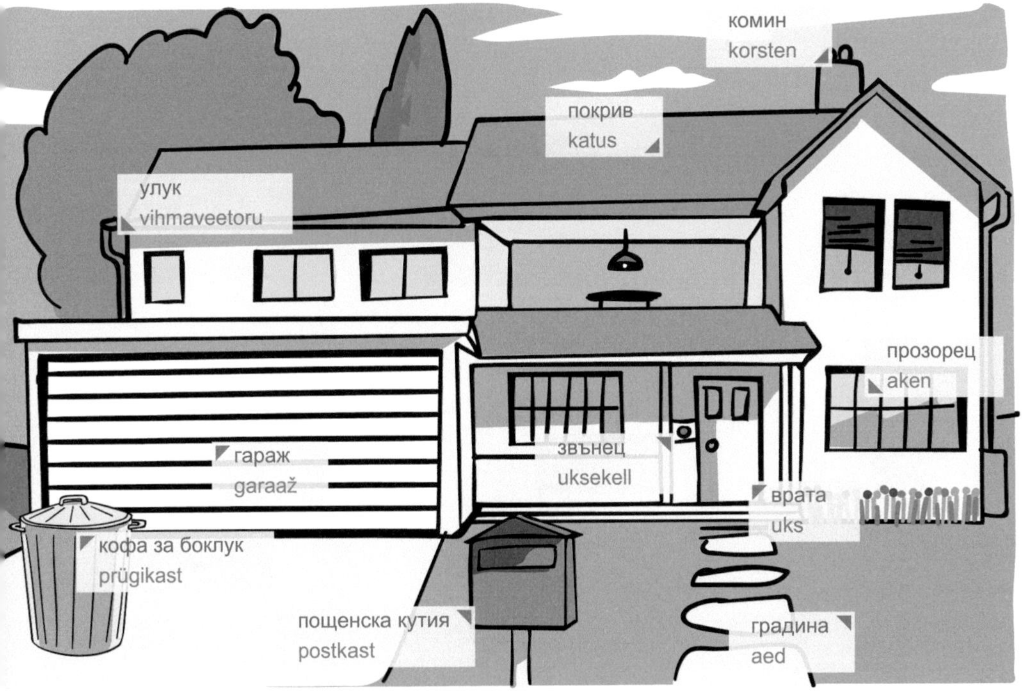
комин
korsten
покрив
katus
улук
vihmaveetoru
прозорец
aken
гараж
garaaž
звънец
uksekell
врата
uks
кофа за боклук
prügikast
пощенска кутия
postkast
градина
aed

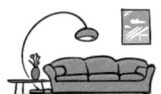

всекидневна

elutuba

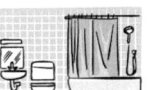

баня

vannituba

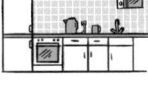

кухня

köök

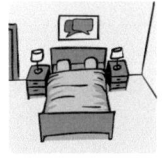

спалня

magamistuba

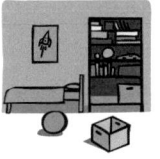

детска стая

lastetuba

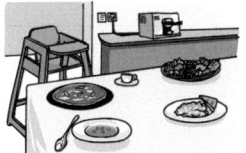

трапезария

söögituba

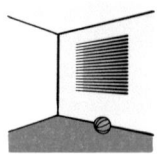

под
põrand

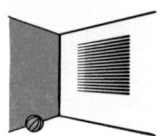

стена
sein

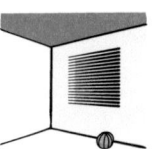

таван
lagi

изба
kelder

сауна
saun

балкон
rõdu

тераса
terrass

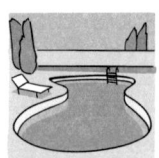

плувен басейн
bassein

косачка
muruniiduk

спално бельо
voodilina

покривка за легло
päevatekk

легло
voodi

метла
luud

кофа
ämber

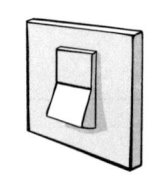

електрически ключ
lüliti

къща - maja

всекидневна

elutuba

тапет
tapeet
картина
pilt
лампа
lamp
рафт
riiul
шкаф
kapp
телевизор
televiisor
камина
kamin
цвете
lill
възглавница
padi
канапе
diivan
ваза
vaas
дистанционно управление
kaugjuhtimispult

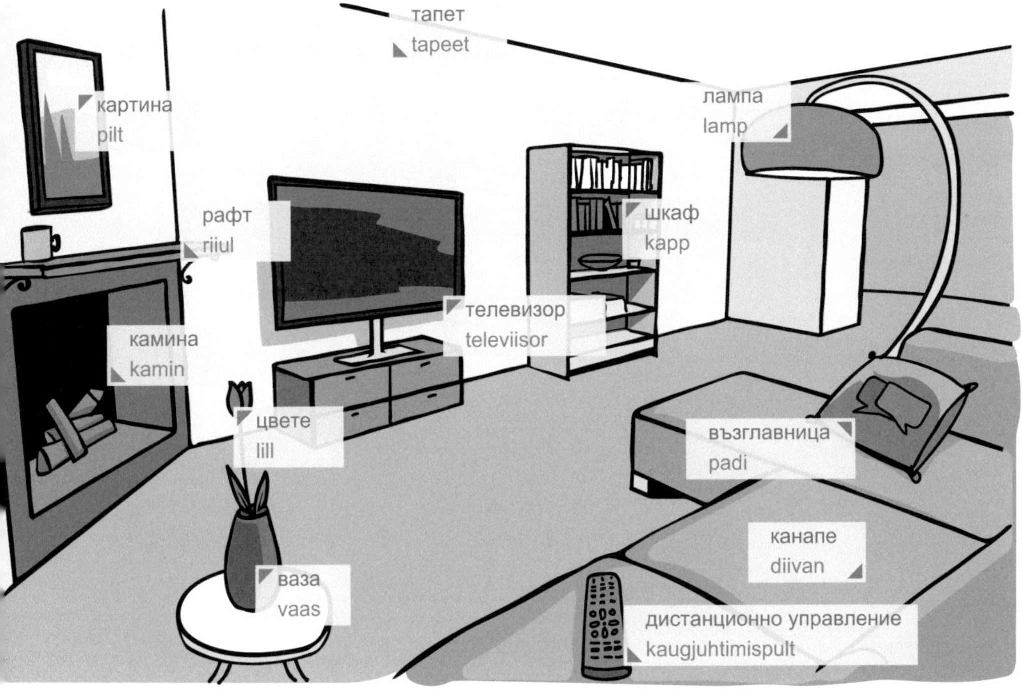

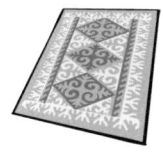

килим

vaip

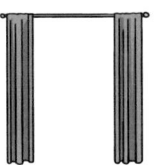

завеса

kardin

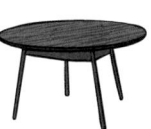

маса

laud

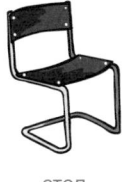

стол

tool

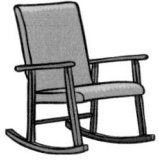

люлеещ се стол

kiiktool

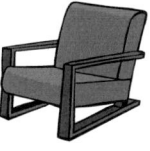

кресло

tugitool

книга

raamat

одеяло

tekk

декорация

kaunistus

дърва за отопление

küttepuud

филм

film

стерео уредба

helisüsteem

ключ

võti

вестник

ajaleht

живопис

maal

постер

plakat

радио

raadio

бележник

märkmik

прахосмукачка

tolmuimeja

кактус

kaktus

свещ

küünal

кухня
köök

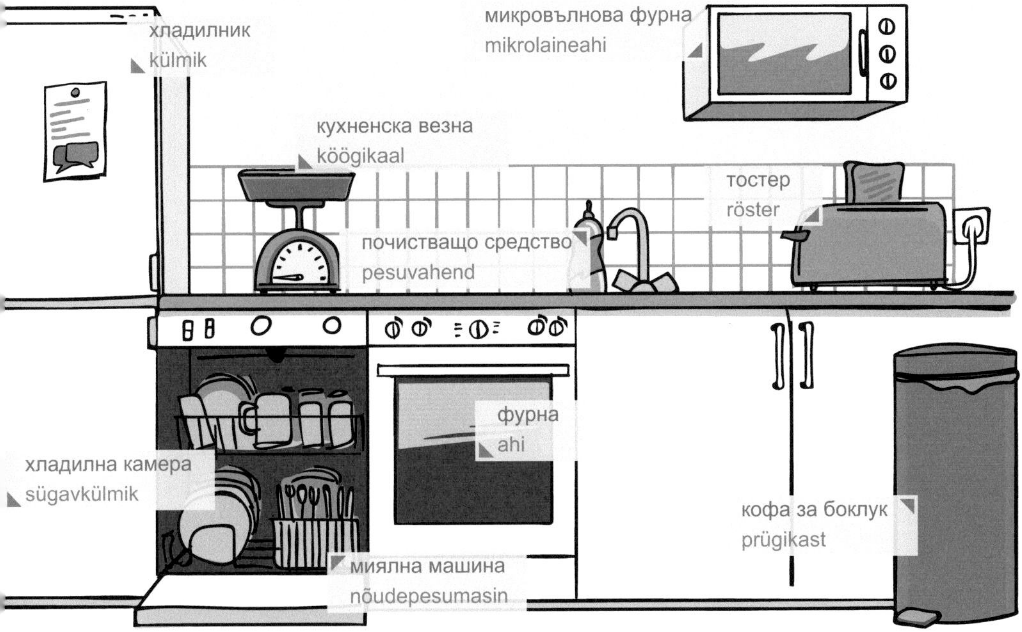

хладилник
külmik
микровълнова фурна
mikrolaineahi
кухненска везна
köögikaal
тостер
röster
почистващо средство
pesuvahend
фурна
ahi
хладилна камера
sügavkülmik
кофа за боклук
prügikast
миялна машина
nõudepesumasin

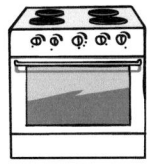

готварска печка

pliit

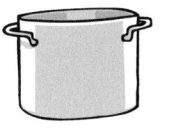

тенджера

pott

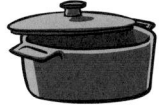

желязна тенджера

malmpott

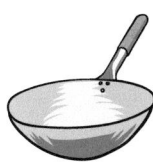

уок / кадаи

vokkpann

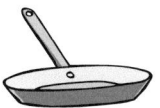

тиган

pann

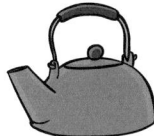

кана за затопляне на вода

veekeetja

уред за готвене на пара

aurutaja

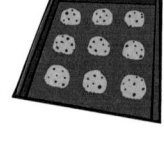

тава за печене

küpsetusplaat

съдове

lauanõud

чаша

kruus

купа

kauss

клечки за хранене

söögipulgad

черпак

kulp

лопатка за тиган

pannilabidas

тел за разбиване (на яйца, белтъци)

vispel

кошница за варене

kurn

гевгир

sõel

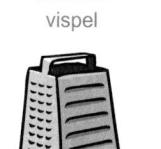

ренде

riiv

хаван

uhmer

барбекю

grill

огнище

lahtine tuli

дъска

lõikelaud

точилка

tainarull

тирбушон

korgitser

кутия

konservipurk

отварачка за консерви

konserviavaja

кухненска ръкохватка

pajakinnas

мивка

kraanikauss

четка

hari

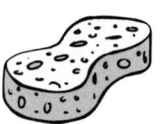

гъба

pesukäsn

миксер

kannmikser

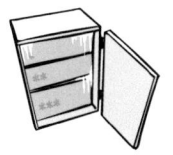

фризер

sügavkülmuti

бебешко шише

lutipudel

воден кран

segisti

баня

vannituba

отопление
küte
хавлиена кърпа
käterätik
душ
dušš
завеса за баня
dušikardin
шампоан за вана
mullivann
вана
vann
стъклена чаша
klaas
перална машина
pesumasin
воден кран
segisti
плочки
plaadid
гърне
pissipott
мивка
kraanikauss

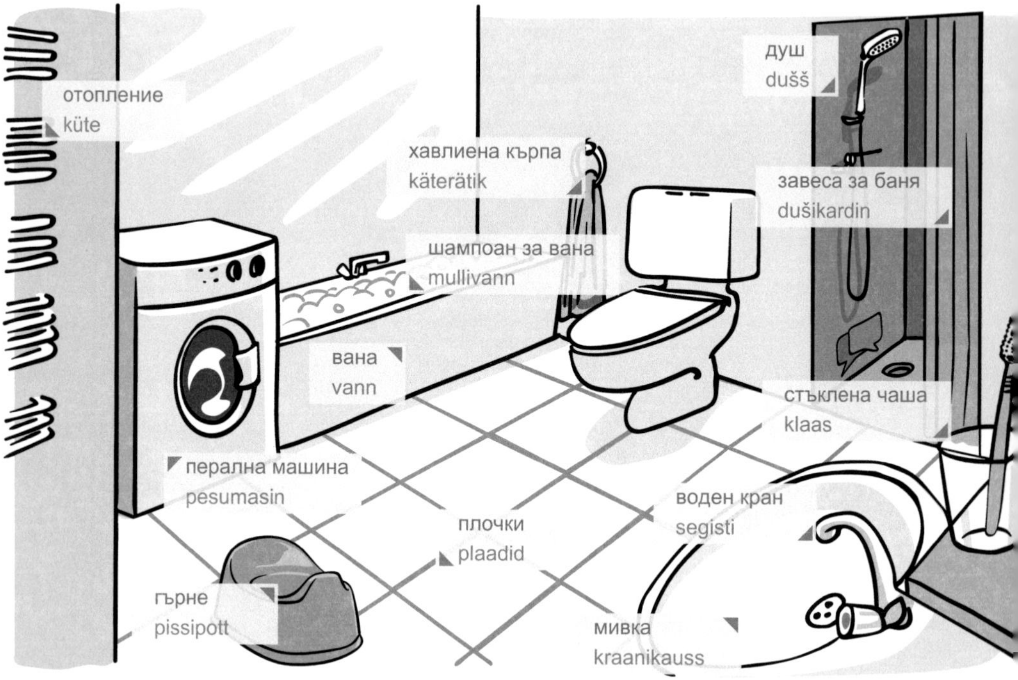

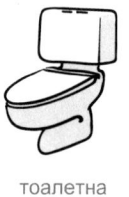

тоалетна

WC-pott

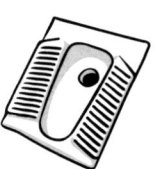

клекало

kükitamistualett

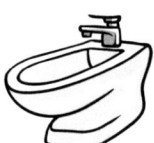

биде

bidee

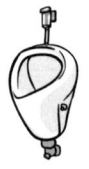

писоар

pissuaar

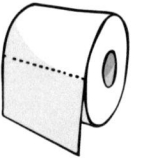

тоалетна хартия

tualettpaber

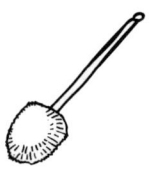

четка за тоалетна

WC-hari

четка за зъби

hambahari

паста за зъби

hambapasta

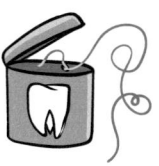

конец за зъби

hambaniit

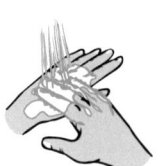

мия

pesema

ръчен душ

käsidušš

интимен душ

intiimdušš

леген

pesukauss

четка за гръб

seljahari

сапун

seep

душ гел

dušigeel

шампоан за вана

šampoon

гъба за баня

vamm

сифон

äravool

крем

kreem

дезодорант

deodorant

огледало

peegel

козметично огледало

käsipeegel

ръчна самобръсначка

habemenuga

пяна за бръснене

raseerimisvaht

одеколон за след
бръснене
habemevesi

гребен

kamm

четка

hari

сешоар

föön

спрей за коса

juukselakk

грим

meigikomplekt

червило

huulepulk

лак за нокти

küünelakk

памук

vatt

ножица за нокти

küünekäärid

парфюм

parfüüm

тоалетна чантичка

tualett-tarvete kott

табуретка

taburet

везна

kaal

хавлия

hommikumantel

домакински ръкавици

kummikindad

тампон

tampoon

дамски превръзки

hügieeniside

химическа тоалетна

keemiline tualett

детска стая
lastetuba

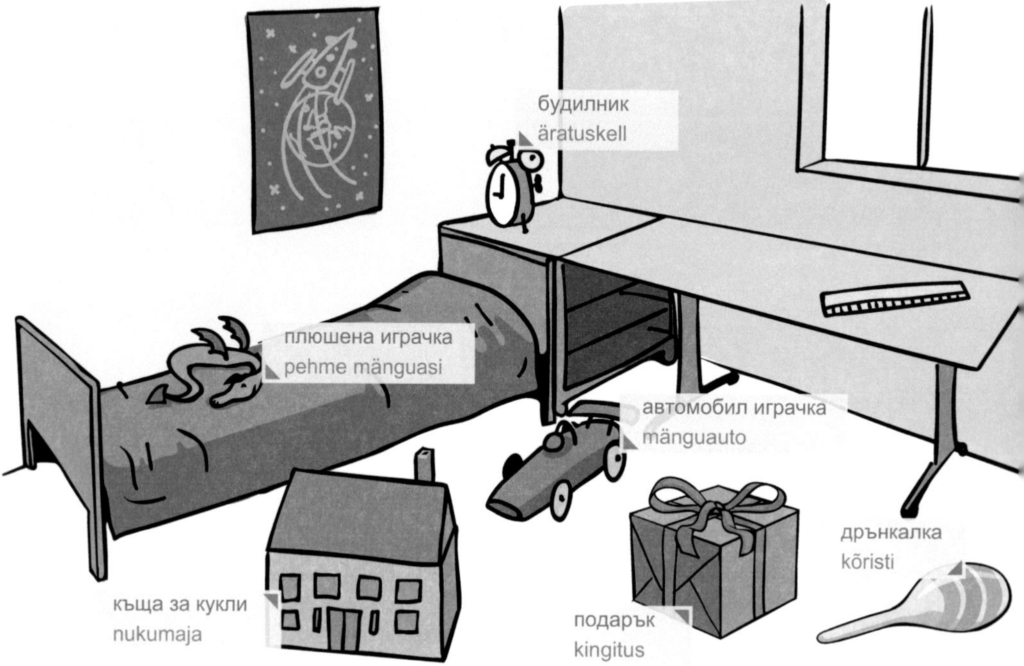
будилник
äratuskell
плюшена играчка
pehme mänguasi
автомобил играчка
mänguauto
дрънкалка
kõristi
къща за кукли
nukumaja
подарък
kingitus

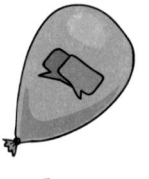

балон
õhupall

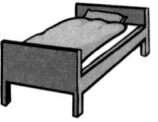

легло
voodi

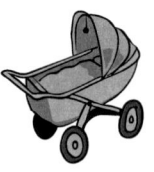

детска количка
lapsevanker

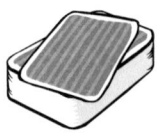

игра на карти
kaardipakk

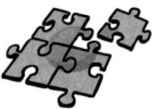

пъзел
pusle

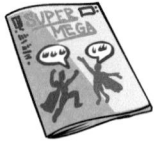

комикс
koomiks

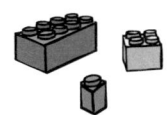

лего елементи

Lego klotsid

строителни елементи

klotsid

екшън фигурка

kujuke

бебешки гащеризон

siputuspüksid

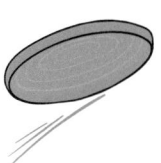

фрисби

lendav taldrik

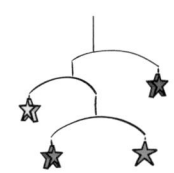

бебешки играчки за легло

voodikarussell

настолна игра

lauamäng

зарче

täringud

миниатюрно влакче

mudelrong

биберон

lutt

парти

pidu

детска книга с илюстрации

pildiraamat

топка

pall

кукла

nukk

играя

mängima

пясъчник

liivakast

люлка

kiik

играчка

mänguasjad

игрова конзола

mängukonsool

велосипед с три колелета

kolmerattaline jalgratas

плюшено мече

mängukaru

гардероб

riidekapp

облекло
riietus

къси чорапи

sokid

дълги чорапи

sukad

чорапогащник

sukkpüksid

шал
sall

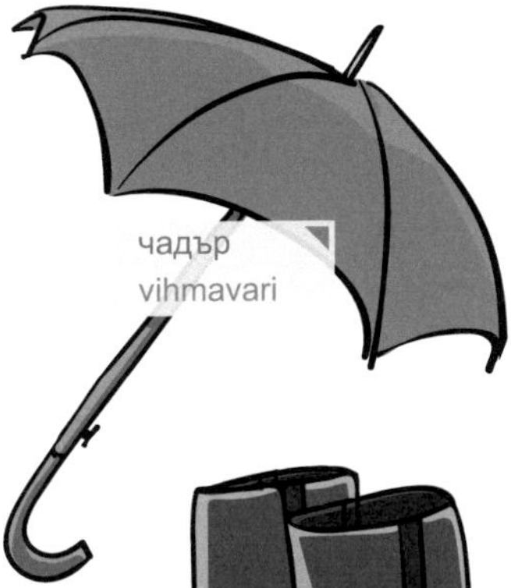

колан
vöö

чадър
vihmavari

Т-шърт
T-särk

ботуши
saapad

гуменки
tossud

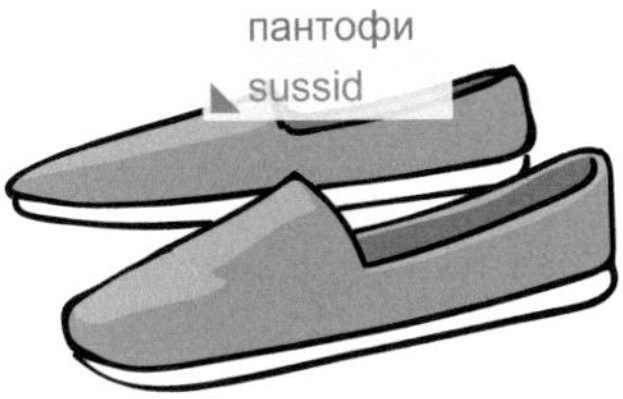

пантофи
sussid

сандали
sandaalid

обувки
jalatsid

гумени ботуши
kummikud

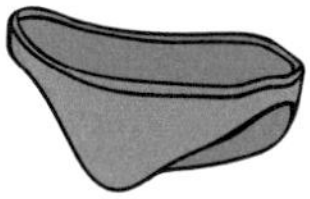

слип
aluspüksid

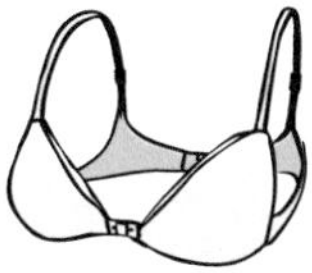

сутиен
rinnahoidja

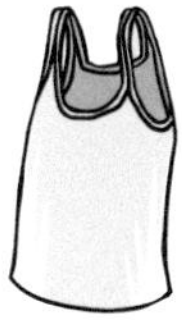

долна блуза
vest

боди

bodi

панталон

püksid

дънки

teksapüksid

пола

seelik

блуза

pluus

риза

särk

пуловер

sviiter

суичър

dressipluus

блейзър

bleiser

яке

jakk

палто

mantel

дъждобран

vihmamantel

костюм

kostüüm

рокля

kleit

булчинска рокля

pulmakleit

костюм

ülikond

нощница

öösärk

пижама

pidžaama

сари

sari

кърпа за глава

pearätt

тюрбан

turban

бурка

burka

кафтан

kaftan

абая

abayah

бански костюм

ujumistrikoo

плувни шорти

ujumispüksid

къс панталон

lühikesed püksid

анцуг

dressid

престилка

põll

ръкавици

kindad

копче

nööp

очила

prillid

гривна

käevõru

верижка

kaelakee

пръстен

sõrmus

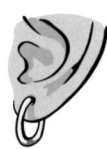

обеца

kõrvarõngas

каскет

nokamüts

закачалка

riidepuu

шапка

kaabu

вратовръзка

lips

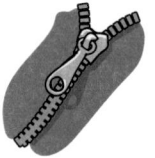

цип

tõmblukk

каска

kiiver

тиранти

traksid

ученическа униформа

koolivorm

униформа

vormirõivad

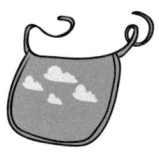

лигавник

pudipõll

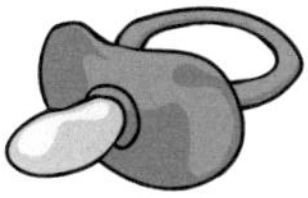

биберон

lutt

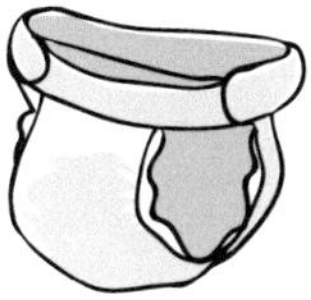

пелена

mähe

офис
kontor

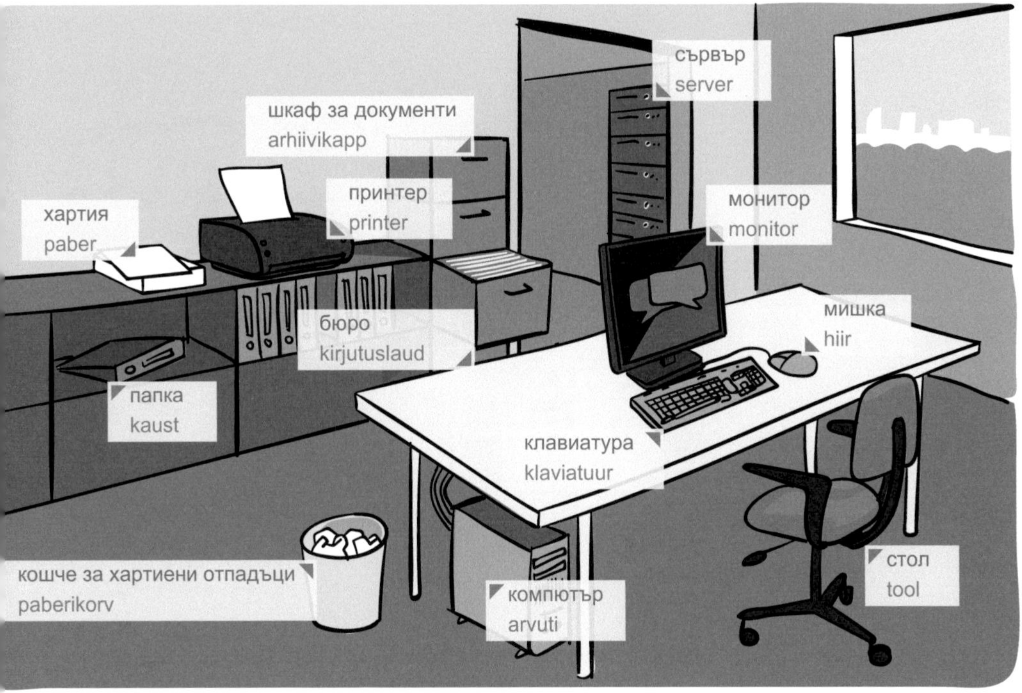

сървър
server
шкаф за документи
arhiivikapp
принтер
printer
хартия
paber
монитор
monitor
мишка
hiir
бюро
kirjutuslaud
папка
kaust
клавиатура
klaviatuur
кошче за хартиени отпадъци
paberikorv
компютър
arvuti
стол
tool

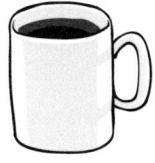

чаша за кафе

kohvikruus

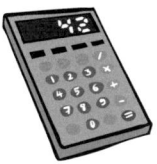

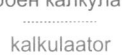

джобен калкулатор

kalkulaator

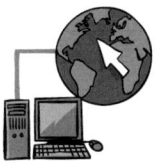

интернет

internet

лаптоп

sülearvuti

писмо

kiri

съобщение

sõnum

мобилен телефон

mobiiltelefon

мрежа

võrk

ксерокс

koopiamasin

софтуер

tarkvara

телефон

telefon

контакт

pistikupesa

факс

faksimasin

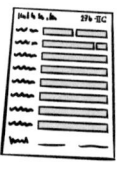

формуляр

vorm

документ

dokument

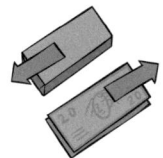

купувам

ostma

плащам

maksma

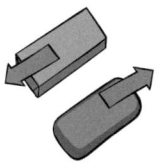

търгувам

vahetama

пари

raha

долар

dollar

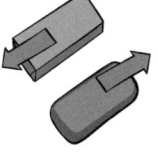

евро

euro

йена

jeen

рубла

rubla

швейцарски франк

Šveitsi frank

ренминби юан

renminbi jüaan

рупия

ruupia

банкомат

sularahaautomaat

обменно бюро

valuutavahetuspunkt

злато

kuld

сребро

hõbe

нефт

nafta

енергия

energia

цена

hind

договор

leping

данък

maks

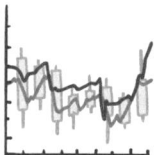

акция

aktsia

работя

töötama

служител

töötaja

работодател

tööandja

фабрика

tehas

магазин за цветя

kauplus

професии

ametid

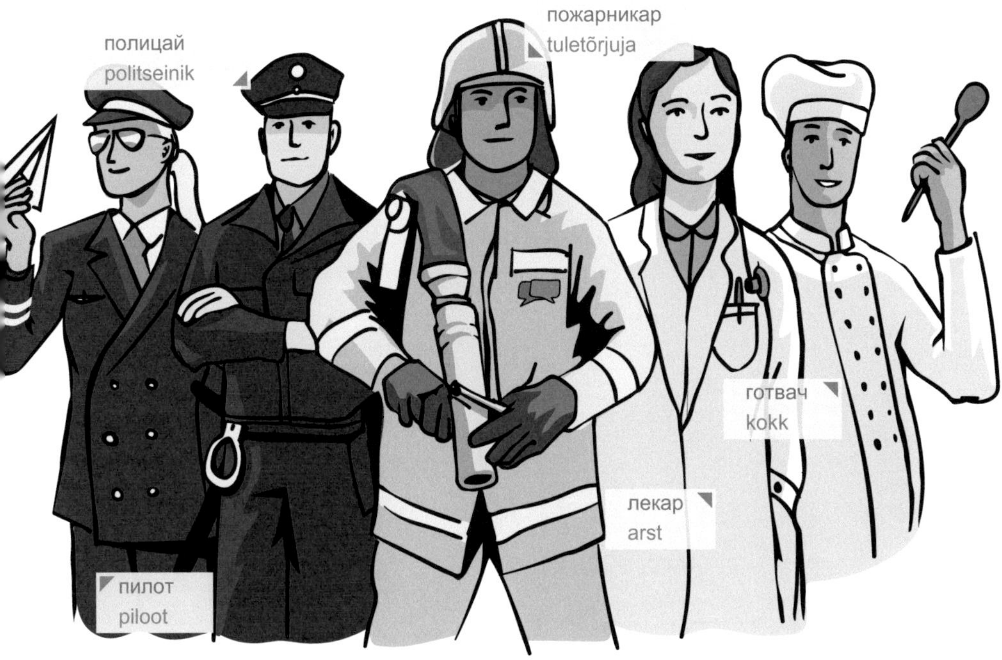

полицай
politseinik
пожарникар
tuletõrjuja
готвач
kokk
лекар
arst
пилот
piloot

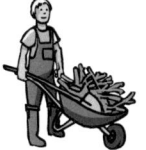

градинар

aednik

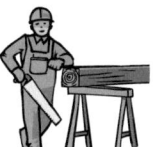

мебелист

puusepp

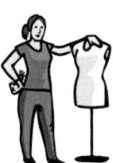

шивачка

õmbleja

съдия

kohtunik

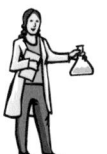

химик

keemik

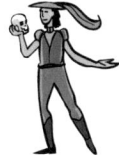

артист

näitleja

шофьор на автобус

bussijuht

шофьор на такси

taksojuht

рибар

kalamees

чистачка

koristaja

майстор на покриви

katusepaigaldaja

келнер

kelner

ловец

jahimees

художник

maaler

хлебар

pagar

електротехник

elektrik

строителен работник

ehitaja

инженер

insener

касапин

lihunik

тенекеджия

torumees

пощальон

postiljon

войник

sõdur

архитект

arhitekt

касиер

kassapidaja

цветар

lillemüüja

фризьор

juuksur

кондуктор

piletikontrolör

механик

mehaanik

капитан

kapten

зъболекар

hambaarst

научен работник

teadlane

равин

rabi

имàм

imaam

монах

munk

свещеник

preester

инструменти
tööriistad

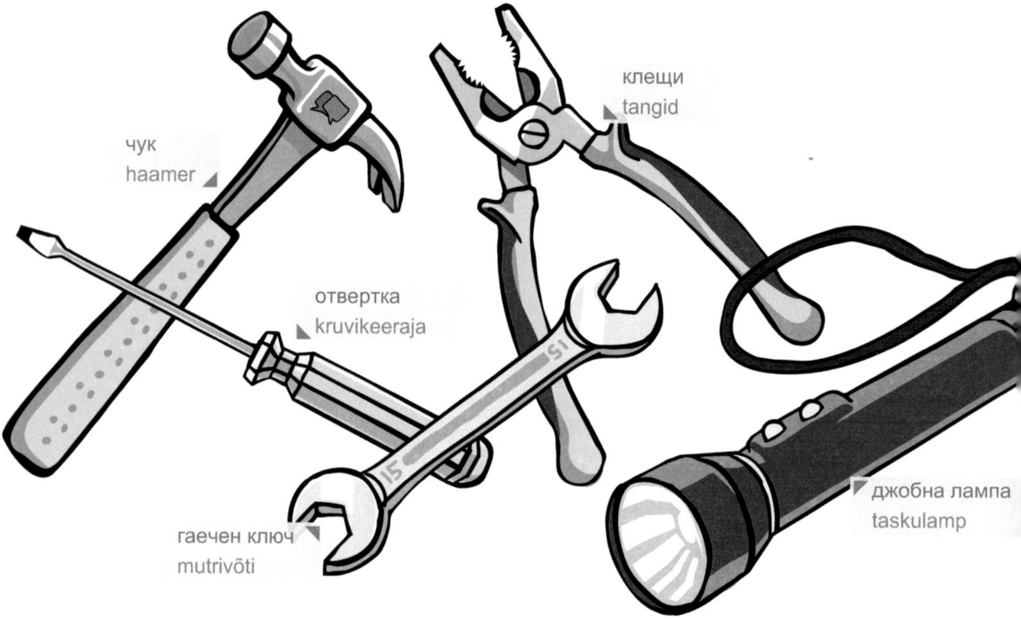
чук
haamer
клещи
tangid
отвертка
kruvikeeraja
гаечен ключ
mutrivõti
джобна лампа
taskulamp

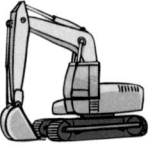

багер
ekskavaator

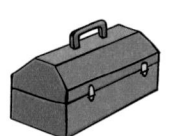

кутия за инструменти
tööriistakast

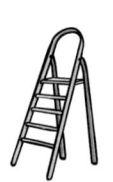

стълба
redel

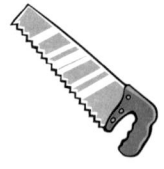

трион
saag

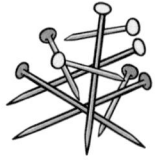

пирони
naelad

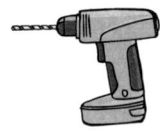

бормашина
trell

ремонтирам

parandama

лопата

labidas

По дяволите!

Põrgusse!

лопатка за смет

kühvel

кутия за боя

värvipott

болтове

kruvid

музикални инструменти
pillid

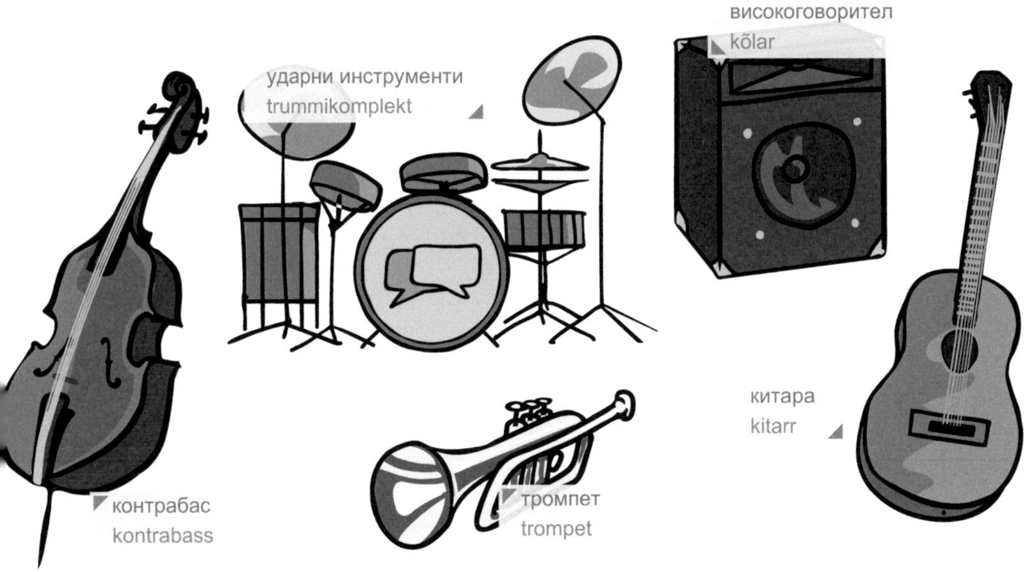

висикоговорител
kõlar

ударни инструменти
trummikomplekt

китара
kitarr

контрабас
kontrabass

тромпет
trompet

пиано

klaver

виолина

viiul

контрабас

bass

тимпан

timpan

барабан

trummid

електрическо пиано

süntesaator

саксофон

saksofon

флейта

flööt

микрофон

mikrofon

зоологическа градина
loomaaed

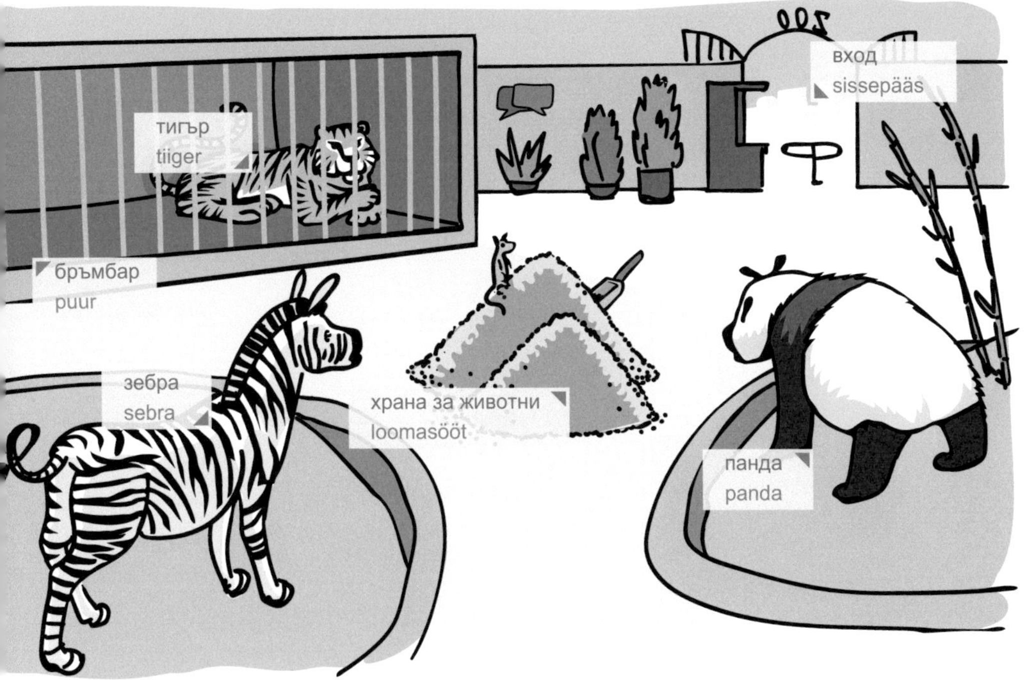
вход
sissepääs
тигър
tiiger
бръмбар
puur
зебра
sebra
храна за животни
loomasööt
панда
panda

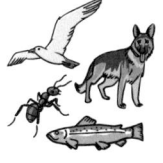

животни

loomad

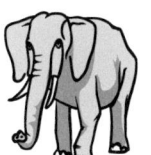

слон

elevant

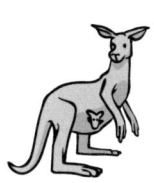

кенгуру

känguru

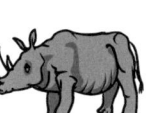

носорог

ninasarvik

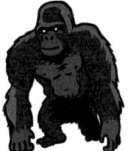

горила

gorilla

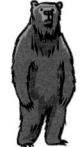

мечка

karu

камила

kaamel

щраус

jaanalind

лъв

lõvi

маймуна

ahv

фламинго

flamingo

папагал

papagoi

бяла мечка

jääkaru

пингвин

pingviin

акула

hai

паун

paabulind

змия

madu

крокодил

krokodill

пазач в зоологическа
градина

loomaaiatalitaja

тюлен

hüljes

ягуар

jaaguar

пони

poni

леопард

leopard

хипопотам

jõehobu

жираф

kaelkirjak

орел

kotkas

диво прасе

metssiga

риба

kala

костенурка

kilpkonn

морж

morsk

лисица

rebane

газела

gasell

американски футбол
Ameerika jalgpall

колоездене
jalgrattasõit

тенис
tennis

баскетбол
korvpall

плуване
ujumine

бокс
poksimine

хокей на лед
jäähoki

футбол
jalgpall

бадминтон
sulgpall

лека атлетика
kergejõustik

хандбал
käsipall

ски бягане
suusatamine

поло
polo

дейности

tegevused

скачам
hüppama
прегръщам
kallistama
смея се
naerma
вървя
jalutama
пея
laulma
сънувам
unistama
моля се
palvetama
целувам
suudlema

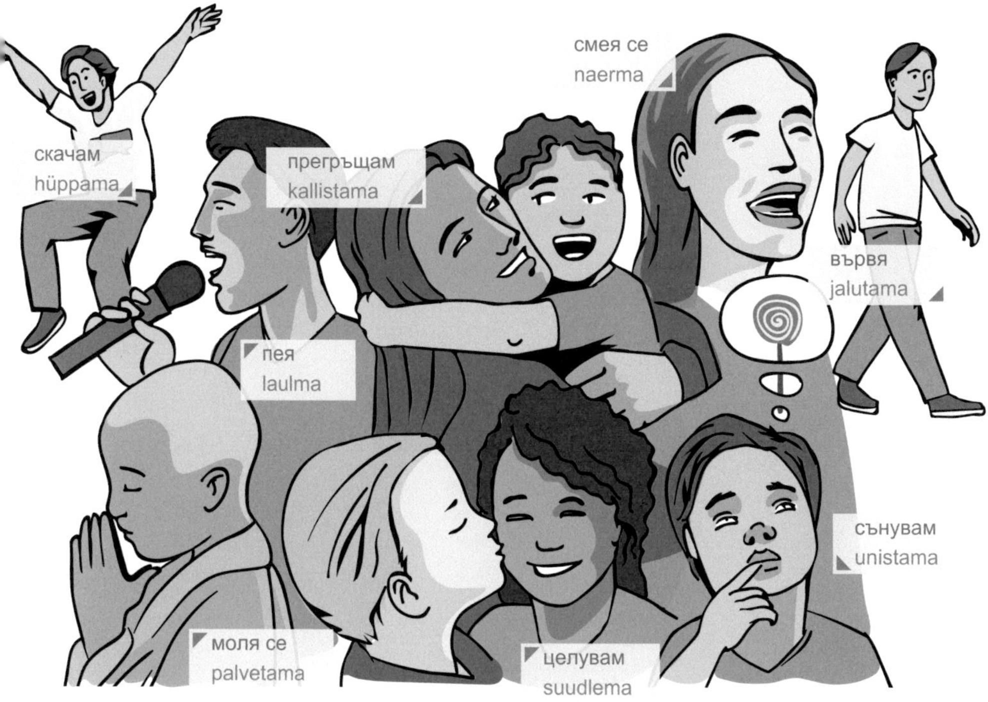

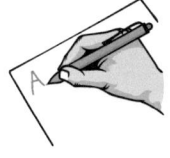

пиша

kirjutama

рисувам

joonistama

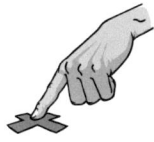

показвам

näitama

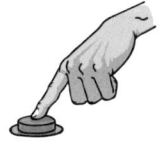

бутам

lükkama

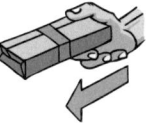

давам

andma

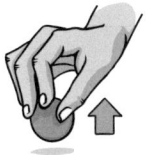

взимам

võtma

имам

omama

правя

tegema

съм

olema

стоя

seisma

тичам

jooksma

дърпам

tõmbama

хвърлям

viskama

падам

kukkuma

лежа

lamama

чакам

ootama

нося

kandma

седя

istuma

обличам

riidesse panema

спя

magama

събуждам се

ärkama

разглеждам

vaatama

плача

nutma

милвам

paitama

реша се

kammima

говоря

rääkima

разбирам

aru saama

питам

küsima

слушам

kuulama

пия

jooma

ям

sööma

разтребвам

korrastama

обичам

armastama

готвя

süüa tegema

карам автомобил

sõitma

летя

lendama

плавам (с платна)

purjetama

смятане

arvutama

чета

lugema

уча

õppima

работя

töötama

женя се

abielluma

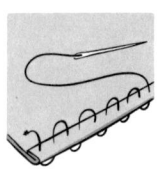

шия

õmblema

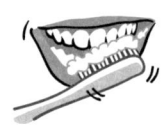

измивам си зъбите

hambaid pesema

убивам

tapma

пуша

suitsetama

изпращам

saatma

семейство

perekond

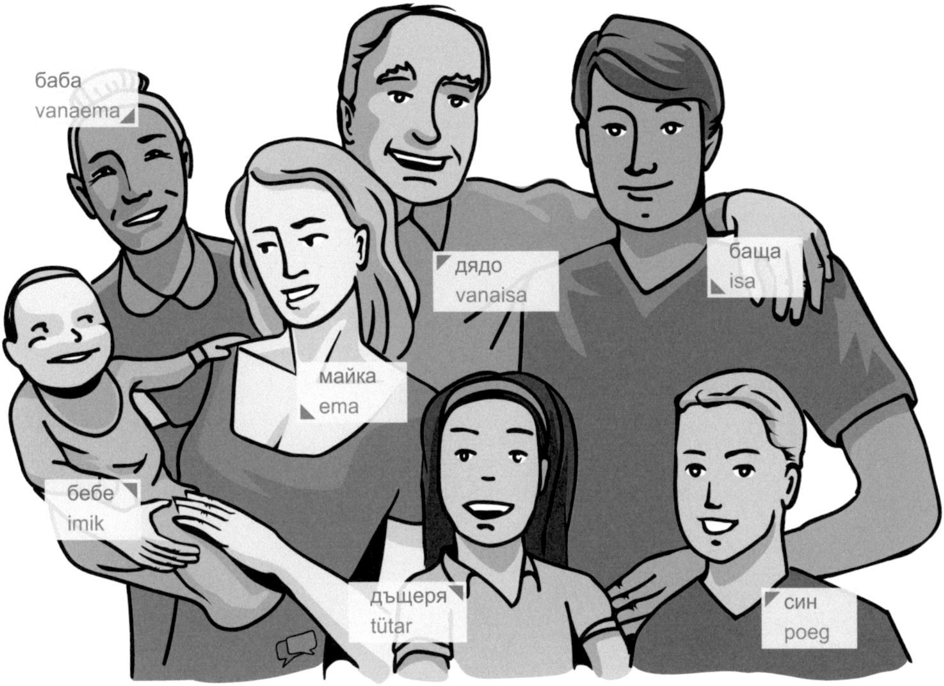
баба
vanaema
дядо
vanaisa
баща
isa
майка
ema
бебе
imik
дъщеря
tütar
син
poeg

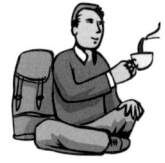

посетител

külaline

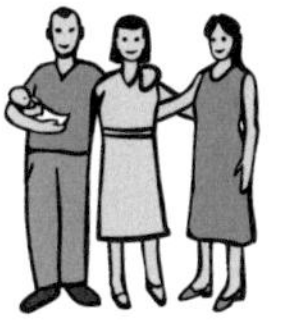

леля

tädi

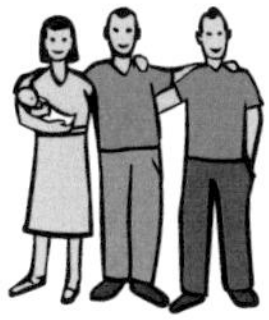

чичо

onu

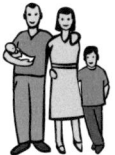

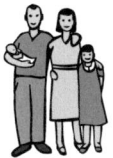

брат

vend

сестра

õde

тяло
keha

чело
otsmik
око
silm
рамо
õlg
пръст
sõrm
лице
nägu
брадичка
lõug
ръка
käsi
крак
jalg
гърди
rind
ръка
käsivars

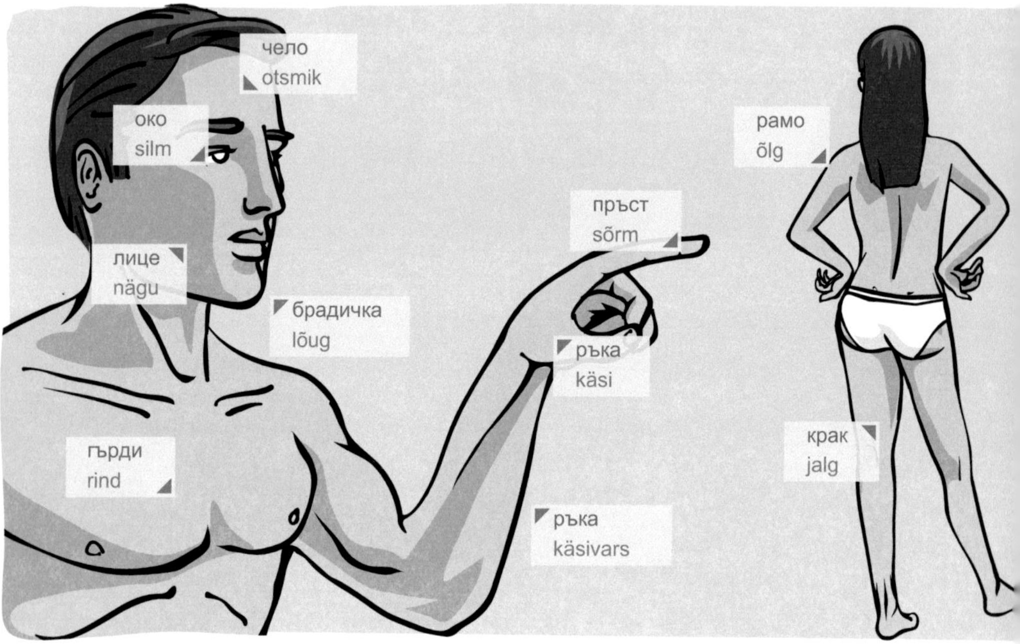

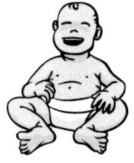

бебе

imik

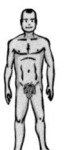

мъж

mees

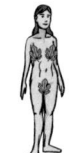

жена

naine

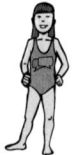

момиче

tüdruk

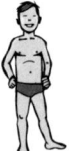

момче

poiss

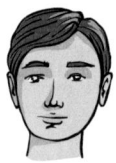

глава

pea

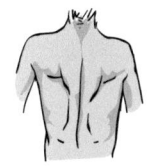

гръб

selg

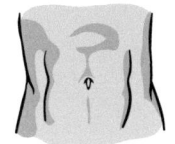

корем

kõht

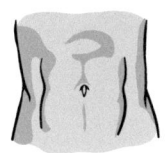

пъп

naba

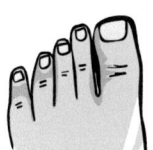

пръст на крака

varvas

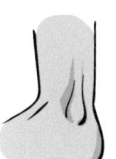

пета

kand

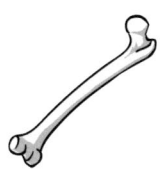

кост

luu

хълбок

puus

коляно

põlv

лакът

küünarnukk

нос

nina

седалище

tagumik

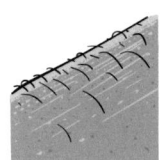

кожа

nahk

буза

põsk

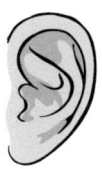

ухо

kõrv

устна

huuled

тяло - keha

уста

suu

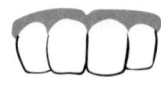

зъб

hammas

език

keel

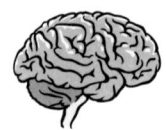

мозък

aju

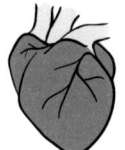

сърце

süda

мускул

lihas

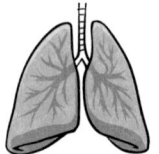

бял дроб

kops

черен дроб

maks

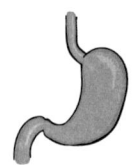

стомах

magu

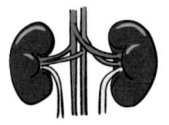

бъбреци

neerud

полово сношение

seksuaalvahekord

кондом

kondoom

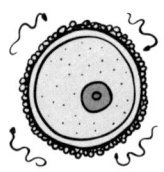

яйцеклетка

munarakk

сперма

sperma

бременност

rasedus

тяло - keha

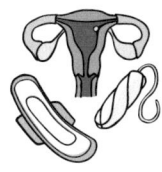

менструация

menstruatsioon

вагина

vagiina

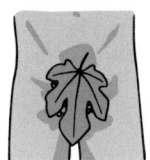

пенис

peenis

вежда

kulm

коса

juuksed

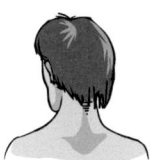

шия

kael

болница
haigla

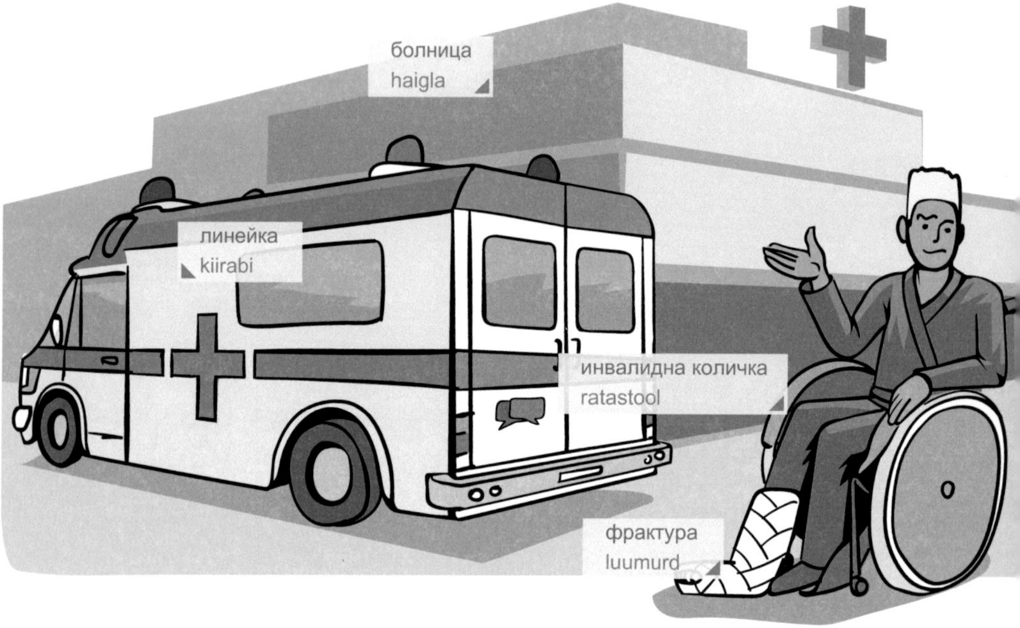

болница
haigla
линейка
kiirabi
инвалидна количка
ratastool
фрактура
luumurd

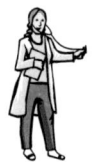

лекар

arst

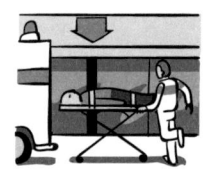

спешна хоспитализация

traumapunkt

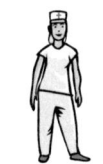

медицинска сестра

meditsiiniõde

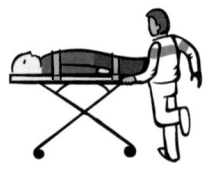

спешен случай

hädaolukord

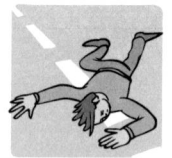

в безсъзнание

teadvuseta

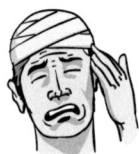

болка

valu

нараняване

vigastus

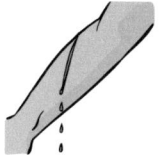

кървене

verejooks

инфаркт

südamerabandus

инсулт

insult

алергия

allergia

кашлица

köha

температура

palavik

грип

gripp

диария

kõhulahtisus

главоболие

peavalu

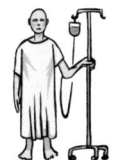

рак

vähk

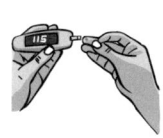

диабет

diabeet

хирург

kirurg

скалпел

skalpell

операция

operatsioon

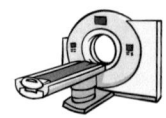

компютърна томография

KT

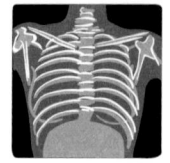

рентген

röntgen

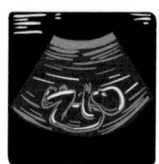

ултразвук

ultraheli

маска

mask

болест

haigus

чакалня

ooteruum

патерица

kark

пластир

kips

превръзка

side

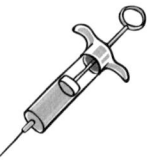

инжекция

süst

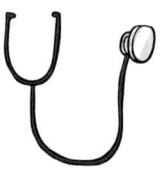

стетоскоп

stetoskoop

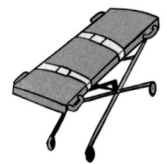

носилка

kanderaam

термометър

kraadiklaas

раждане

sünd

наднормено тегло

ülekaaluline

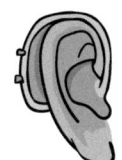

слухов апарат

kuuldeaparaat

дезинфекционно средство

desinfektsioonivahend

инфекция

põletik

вирус

viirus

HIV / AIDS

HIV / AIDS

медицина

meditsiin

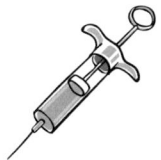

ваксинация

vaktsineerimine

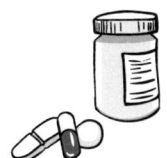

таблети

tabletid

противозачатъчна
таблетка
pill

спешно телефонно
обаждане
hädaabikõne

апарат за измерване на
кръвното налягане

vererõhuaparaat

болен / здрав

haige / terve

Помощ!

Appi!

сигнал за тревога

häire

нападение

kallaletung

атака

rünnak

опасност

oht

аварийен изход

avariiväljapääs

Пожар!

Tulekahju!

пожарогасител

tulekustuti

злополука

õnnetus

комплект за оказване на първа помощ

esmaabikomplekt

SOS

SOS

полиция

politsei

Европа

Euroopa

Северна Америка

Põhja-Ameerika

Южна Америка

Lõuna-Ameerika

Африка

Aafrika

Азия

Aasia

Австралия

Austraalia

Атлантически океан

Atlandi ookean

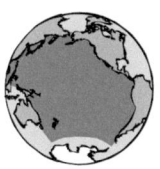

Тихи океан

Vaikne ookean

Индийски океан

India ookean

Южен ледовит океан

Lõuna-Jäämeri

Северен ледовит океан

Põhja-Jäämeri

Северен полюс

põhjapoolus

Южен полюс

lõunapoolus

Антарктида

Antarktika

Земя

Maa

суша

maismaa

море

meri

остров

saar

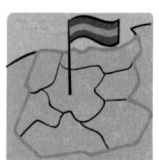

нация

rahvus

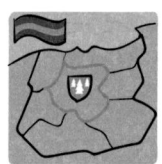

държава

riik

циферблат

sihverplaat

стрелка на часовете

tunniosuti

стрелка на минутите

minutiosuti

стрелка на секундите

sekundiosuti

Колко е часът?

Mis kell on?

ден

päev

време

aeg

сега

praegu

дигитален часовник

digitaalne kell

минута

minut

час

tund

седмица
nädal

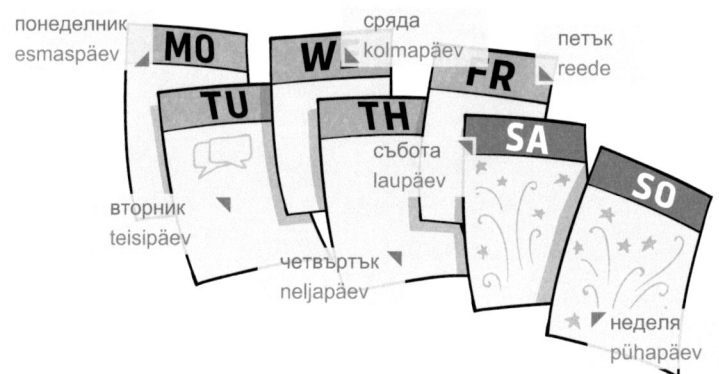

понеделник
esmaspäev

сряда
kolmapäev

петък
reede

вторник
teisipäev

събота
laupäev

четвъртък
neljapäev

неделя
pühapäev

вчера

eile

днес

täna

утре

homme

сутрин

hommik

обед

lõuna

вечер

õhtu

MO	TU	WE	TH	FR	SA	SU
1	2	3	4	5	6	7
8	9	10	11	12	13	14
15	16	17	18	19	20	21
22	23	24	25	26	27	28
29	30	31	1	2	3	4

работни дни

tööpäevad

MO	TU	WE	TH	FR	SA	SU
1	2	3	4	5	6	7
8	9	10	11	12	13	14
15	16	17	18	19	20	21
22	23	24	25	26	27	28
29	30	31	1	2	3	4

уикенд

nädalavahetus

дъжд
vihm

дъга
vikerkaar

сняг
lumi

вятър
tuul

пролет
kevad

есен
sügis

лято
suvi

зима
talv

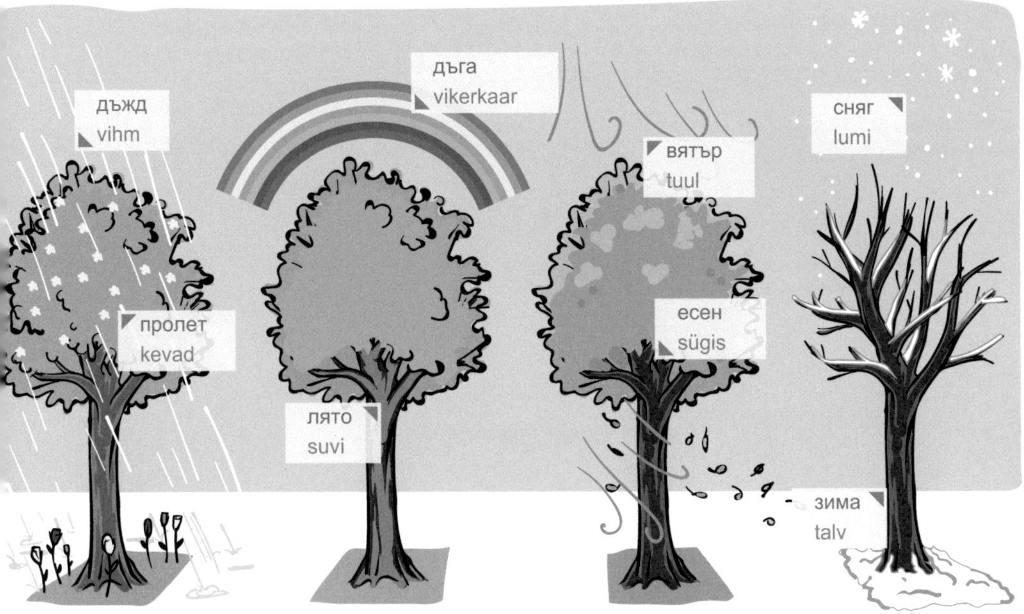

прогноза за времето

ilmaennustus

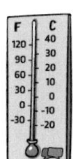

термометър

termomeeter

слънчева светлина

päikesepaiste

облак

pilv

мъгла

udu

влажност на въздуха

niiskus

светкавица

pikne

гръмотевица

kõu

буря

torm

градушка

rahe

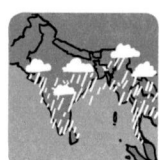

мусон

mussoon

наводнение

üleujutus

лед

jää

януари

jaanuar

февруари

veebruar

март

märts

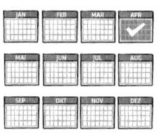

април

aprill

май

mai

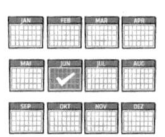

юни

juuni

юли

juuli

август

august

септември
....
september

октомври
....
oktoober

ноември
....
november

декември
....
detsember

форми
kujundid

кръг
....
ring

квадрат
....
ruut

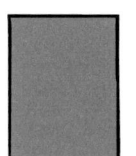

четириъгълник
....
nelinurk

триъгълник
....
kolmnurk

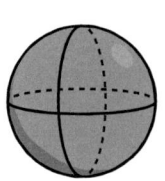

сфера
....
kera

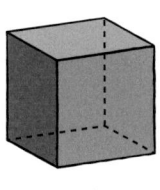

куб
....
kuup

бял

valge

жълт

kollane

оранжев

oranž

розов

roosa

червен

punane

лилав

lilla

син

sinine

зелен

roheline

кафяв

pruun

сив

hall

черен

must

много / малко

palju / vähe

ядосан / спокоен

vihane / rahulik

красив / грозен

ilus / inetu

начало / край

algus / lõpp

голям / малък

suur / väike

светъл / тъмен

hele / tume

брат / сестра

vend / õde

чист / мръсен

puhas / must

пълен / непълен

täielik / puudulik

ден / нощ

päev / öö

мъртъв / жив

surnud / elus

широк / тесен

lai / kitsas

ядлив / неядлив

söödav / mittesöödav

сърдит / любезен

kuri / sõbralik

развълнуван / скучаещ

põnevil / tüdinud

дебел / тънък

paks / peenike

най-напред / най-накрая

esimene / viimane

приятел / враг

sõber / vaenlane

пълен / празен

täis / tühi

твърд / мек

kõva / pehme

тежък / лек

raske / kerge

глад / жажда

nälg / janu

болен / здрав

haige / terve

нелегален / легален

ebaseaduslik / seaduslik

интелигентен / глупав

tark / rumal

ляво / дясно

vasak / parem

близо / далече

lähedal / kaugel

нов / употребяван

uus / kasutatud

нищо / нещо

mitte midagi / midagi

стар / млад

vana / noor

вкл. / изкл.

sees / väljas

отворен / затворен

lahti / kinni

тих / силен (звук)

vaikne / vali

богат / беден

rikas / vaene

правилен / погрешен

õige / vale

грапав / гладък

kare / sile

тъжен / щастлив

kurb / rõõmus

дълъг / къс

lühike / pikk

бавен / бърз

aeglane / kiire

мокър / сух

märg / kuiv

топъл / студен

soe / jahe

война / мир

sõda / rahu

0

нула

null

1

едно

üks

2

две

kaks

3

три

kolm

4

четири

neli

5

пет

viis

6

шест

kuus

7

седем

seitse

8

осем

kaheksa

9

девет

üheksa

10

десет

kümme

11

единадесет

üksteist

12

дванадесет

kaksteist

13

тринадесет

kolmteist

14

четиринадесет

neliteist

15

петнадесет

viisteist

16

шестнадесет

kuusteist

17

седемнадесет

seitseteist

18

осемнадесет

kaheksateist

19

деветнадесет

üheksateist

20

двадесет

kakskümmend

100

сто

sada

1.000

хиляда

tuhat

1.000.000

милион

miljon

английски

inglise

американски английски

Ameerika inglise

китайски мандарин

mandariini

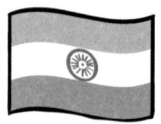

хинди

hindi

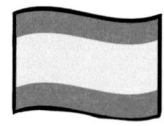

испански

hispaania

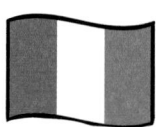

френски

prantsuse

арабски

araabia

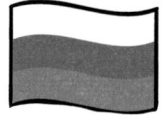

руски

vene

португалски

portugali

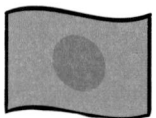

бенгалски

bengali

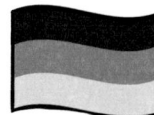

немски

saksa

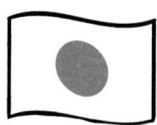

японски

jaapani

аз

mina

ти

sina

той / тя / то

tema

ние

meie

вие

teie

те

nemad

кой?

kes?

какво?

mis?

как?

kuidas?

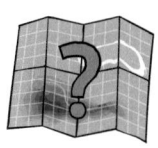

къде?

kus?

кога?

millal?

HELLO, I AM

име

nimi

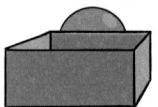

зад

taga

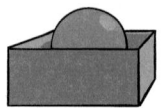

в

sees

пред

ees

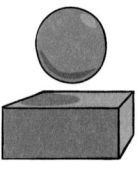

над

kohal

върху

peal

под

all

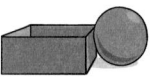

до

kõrval

между

vahel

място

koht